NOTICE
SUR
LES ANCIENS & LES NOUVEAUX THERMES ROMAINS
D'AMÉLIE.

STATION THERMALE D'AMÉLIE-LES-BAINS.

ÉTABLISSEMENT DES THERMES ROMAINS.

NOTICE
SUR LES ANCIENS ET LES NOUVEAUX
THERMES ROMAINS D'AMÉLIE,

PAR F. ROLIN,

INGÉNIEUR DES ARTS ET MANUFACTURES,
MEMBRE DE LA SOCIÉTÉ DES INGÉNIEURS CIVILS DE PARIS,
DIRECTEUR DE L'ÉTABLISSEMENT DES THERMES ROMAINS.

PERPIGNAN.
IMPRIMERIE DE CHARLES LATROBE,
SUCCESSEUR DE J.-B. ALZINE,
Rue des Trois-Rois, 1.
1867.

NOTICE

SUR LES ANCIENS ET LES NOUVEAUX

THERMES ROMAINS D'AMÉLIE

I

Quelques mots sur la Station d'Amélie.

Amélie-les-Bains est un village du département des Pyrénées-Orientales, par le 42ᵉ degré de latitude, à 38 kilomètres Sud-Ouest de Perpignan, chef-lieu du département,

Le village situé au pied des contre-forts Est du Canigou, à une altitude moyenne de 243 mètres (place publique d'Amélie) comprend environ 1.500 habitants, sans compter la population flottante des baigneurs qui augmente chaque année.

Amélie-les-Bains, par sa position, tient le milieu entre les stations continentales et celles du littoral; son climat est tonique et passablement excitant. Par sa proximité de la mer (30 kilomètres à vol d'oiseau) cette station participe de l'égalité de température de celles du littoral; par sa position au milieu des montagnes elle est abritée des vents généralement régnants sur les bords de la mer.

Nous renvoyons les lecteurs aux traités de climatologie médicale pour ce qui concerne l'influence du climat d'Amélie sur les diverses maladies.

Nous ferons seulement remarquer qu'Amélie jouit du *privilége exclusif de pouvoir administrer les traitements thermaux pendant toutes les saisons de l'année*, privilége qui lui vient de sa douceur de température même pendant l'hiver.

Amélie-les-Bains fait partie du canton d'Arles et de l'arrondissement de Céret.

Nous indiquerons rapidement les moyens de se rendre à Amélie.

Du Nord, on peut y venir par deux directions différentes, soit par le chemin de fer d'Orléans et du Midi, de Paris à Perpignan, en passant par Orléans, Bordeaux, Agen et Narbonne, ou bien par le chemin de fer de Lyon et du Midi, par Lyon ou le Bourbonnais, Tarascon, Montpellier, Cette et Narbonne.

Les voitures publiques correspondant à tous les trains, amènent les voyageurs de Perpignan à Amélie.

De l'Est et de l'Ouest on arrive à Amélie par la même voie.

Du Sud, on arrive d'Espagne par le chemin de fer de Barcelone; les voitures publiques partant de Gerona vous amènent à Perpignan ou vous laissent au Boulou pour reprendre la correspondance d'Amélie.

Un service de voitures de poste fonctionne de Perpignan à Amélie, ainsi que de nombreuses voitures particulières.

Amélie-les-Bains possède un Bureau télégraphique et de poste aux lettres, installés dans les locaux de l'établissement des Thermes Romains. On y trouve une poste aux chevaux, des voitures particulières, des magasins de toutes sortes, bien montés, etc., enfin tout ce que peut exiger le confort et l'agréable d'une grande ville d'eaux.

Les notices plus complètes sur Amélie donnent

les descriptions des divers monuments ou constructions qui existent, du vaste Hôpital Militaire, du Fort, de l'Église, etc.

Nous donnons les moyennes des températures d'Amélie, ainsi que le tableau de l'état du temps; les moyennes sont faites sur trois observations par jour et extraites des registres météorologiques de l'hôpital d'Amélie-les-Bains.

TEMPÉRATURE MOYENNE D'AMÉLIE-LES-BAINS.

	JANVIER.	FÉVRIER.	MARS.	AVRIL.	MAI.	JUIN.	JUILLET.	AOUT.	SEPTEMBRE.	OCTOBRE.	NOVEMBRE.	DÉCEMBRE.
1857	»	»	»	»	18,9	22,5	26,6	24,7	23,8	»	»	»
1858	»	»	»	»	20,4	25,5	24,1	25,7	23,2	16,8	11,9	9,8
1859	6,9	9,9	13,4	17,3	19,3	21,6	26,9	25,2	21,8	17,9	11,5	6,4
1860	9,6	5,13	9,9	11,8	17,8	20,0	23,0	21,4	16,5	15,6	10,8	7,7
1861	7,9	10,3	11,7	13,6	18,7	20,3	23,0	25,0	20,2	17,6	10,3	8,8
1862	7,4	9,6	12,6	15,3	18,4	20,8	24,0	21,6	18,6	16,3	10,5	9,26
1863	7,6	7,8	11,1	15,6	17,3	21,4	»	21,6	»	»	»	»

Résumé. — Période de 1857 à 1863.

	Degrés centigrades.		Degrés centigrades.
Janvier.	7,8	Juillet.	24,6
Février.	8,5	Août.	23,9
Mars.	11,7	Septembre.	20,7
Avril.	14,7	Octobre.	16,8
Mai.	18,7	Novembre.	11,0
Juin.	21,8	Décembre.	8,4

Relevé du nombre de jours Beaux (B), Couverts (C) et Pluvieux (P), à Amélie-les-Bains
(PÉRIODE DE 1857 A 1863).

Année		JANVIER	FÉVRIER	MARS	AVRIL	MAI	JUIN	JUILLET	AOUT	SEPTEMBRE	OCTOBRE	NOVEMBRE	DÉCEMBRE
1857	B	»	»	»	»	7	15	23	19	15	»	»	»
	C	»	»	»	»	8	7	4	8	8	»	»	»
	P	»	»	»	»	16	8	4	4	7	»	»	»
1858	B	»	»	»	»	10	20	21	16	19	20	14	12
	C	»	»	»	»	11	4	3	10	10	8	13	16
	P	»	»	»	»	10	6	7	5	1	3	3	3
1859	B	23	20	21	15	3	16	27	23	18	13	16	18
	C	4	5	7	6	»	4	1	4	10	12	10	11
	P	3	3	3	9	28	10	3	4	3	5	4	2
1860	B	16	16	15	7	13	11	17	22	20	18	22	21
	C	10	7	10	10	8	13	9	6	6	12	8	9
	P	5	6	6	13	10	6	5	3	5	1	»	1
1861	B	20	23	24	12	12	18	26	29	23	20	22	26
	C	6	5	3	6	3	4	4	2	3	7	5	6
	P	5	»	4	12	16	8	1	»	4	4	3	5
1862	B	23	21	19	16	10	19	23	18	13	16	19	19
	C	6	4	7	8	8	7	7	7	7	9	6	9
	P	2	3	5	10	13	4	1	6	10	5	5	3
1863	B	23	22	18	14	7	20	»	»	»	»	»	»
	C	5	4	5	2	6	4	»	»	»	»	»	»
	P	3	2	8	14	18	6	»	»	»	»	»	»

RÉSUMÉ DU TABLEAU CI-CONTRE.

Moyenne générale par mois.

	BEAUX	COUVERTS	PLUVIEUX
Janvier	21	6	4
Février	20	5	3
Mars	21	6	4
Avril	12	6	12
Mai	7	8	16
Juin	16	7	7
Juillet	22	4	5
Août	21	6	4
Septembre	17	8	5
Octobre	17	10	4
Novembre	19	8	3
Décembre	17	10	4
	210	84	71

Moyenne par saison.

	BEAUX	COUVERTS	PLUVIEUX
Printemps	35	21	35
Été	60	18	14
Automne	53	28	11
Hiver	62	17	11
	210	84	71

II

Les anciens Thermes Romains.

Les anciens Thermes Romains, dont il existe encore de nombreux vestiges, comprenaient toute la partie inférieure du bassin des sources thermales, c'est-à-dire les terrains s'étendant entre la partie inférieure aux jardins du *Manjolet*, la montagne de *Serrat d'en Merle*, le gave du Mondony et le thalweg de la vallée produit par la colline du Fort et la montagne voisine.

Le groupe des sources d'eaux chaudes s'échappe des rochers à une altitude moyenne de 256 mètres. La nature du sol est un porphyre feldspathique sur lequel viennent reposer les schistes argileux soulevés. Cette roche, qui paraît se rattacher au soulèvement du Canigou, a une direction Nord-Est-Sud-Ouest; l'inclinaison va du Sud au Nord avec une

pente rapide. Les eaux sortent du rocher suivant
cette direction, au contact des schistes et des
porphyres ; l'émergence des diverses sources a
donc lieu suivant la ligne de contact des terrains,
ligne qui a la même inclinaison que le thâlweg de
la vallée.

Le griffon central des sources se ramifie donc
vers son point d'émergence. Les sources traversent
les terrains de différentes compositions; elles se
trouvent au contact de terrains plus ou moins
perméables à l'air et contenant plus ou moins de
matières organiques, c'est ce qui explique la diffé-
rence de température des sources.

Les eaux chaudes traversant ces terrains impré-
gnés de matières organiques en entraînent une
partie avec elles; au contact de l'air, une double
décomposition s'opère; d'un côté il y a désulfu-
ration de l'eau par l'oxigène de l'air, formation
d'acide sulfhydrique, de sulfites ou sulfates et dépôt
de soufre, suivant les quantités d'air et d'eau mises
en présence; de l'autre, désoxydation par les
matières organiques.

L'expérience prouve qu'au contact de l'air les
eaux déposent une matière blanchâtre qui, selon

M. de Bray, est un mélange en proportion variable de soufre amorphe et de matières organiques. C'est ce composé qu'on appelle glairine ou barégine; il peut y avoir là un mélange des phénomènes précédents sous l'action très-complexe de la température de l'eau, de celle de l'air et des volumes d'eau et d'air mis en présence.

La source du *Gros Escaldadou* jaillit à l'altitude de 256 mètres; celle du *Manjolet*, à 287, et celles du Docteur Pujade, à 228 mètres environ.

Les Romains ont utilisé la première source à son point d'émergence; les vestiges de constructions, ainsi que les médailles retrouvées dans les sources le prouvent amplement. Ces médailles ou monnaies jetées dans la source, probablement comme *ex-voto*, prouvent quelle vénération et quelle foi les Romains avaient dans ces eaux minérales.

Les Romains mélangeaient aux eaux chaudes les eaux froides du Mondony; ils en avaient barré le cours au moyen d'une forte digue, et ils les amenaient près des sources au moyen d'un canal contournant la montagne.

Des constructions romaines il ne reste plus aujourd'hui que la grande salle des bains, que l'on appelle *Salle Romaine*. Nous empruntons la description de cette salle au savant auteur du *Guide en Roussillon :* (Henry).

« La seule partie bien conservée des thermes
« antiques, consiste dans la salle où se trouvait le
« *Lavacrum*, vaste parallélogramme orienté Est et
« Ouest, de 20^m,40 de longueur sur 12^m de largeur et 11^m,20 de hauteur sous la clef de la
« voûte, qui est en plein cintre. Le long des murs
« latéraux existaient de chaque côté deux niches
« de 2^m,80 d'ouverture, 3^m,50 de hauteur et 0^m,95
« de profondeur au centre, séparées entre elles
« par un enfoncement carré de même hauteur et
« même profondeur que les niches, mais plus large
« de dix centimètres.

« Une niche beaucoup plus considérable remplissait presque tout le mur du fond; celle-ci avait
« 7^m,10 d'ouverture, 6^m de hauteur et 1^m de profondeur au centre. Ces niches latérales étaient
« peut-être pour des baigneurs particuliers, comme
« on le voit dans les thermes antiques, et dans

« celle du fond devaient être des banquettes pour la
« commodité des baigneurs qui voulaient se reposer
« ou déposer leurs vêtements.

« Le *lavacrum*, qui s'étendait au centre de cette
« salle, presque entièrement converti depuis en
« cabinets particuliers, avait 16^m de longueur et
« 8^m,43 de largeur; sa profondeur, qui était de
« deux mètres, prouve qu'il servait en même temps
« de piscine, c'est-à-dire qu'on pouvait s'y livrer
« à l'exercice de la natation, moyen de gymnastique
« bien précieux au milieu d'une eau thermale,
« dont l'action devait être rendue encore plus puis-
« sante et plus efficace par le déploiement muscu-
« laire qu'exige cet exercice. Cinq marches régnant
« le long des quatre faces de cette piscine condui-
« saient jusqu'au fond, en même temps qu'elles
« offraient aux baigneurs des siéges qui leur permet-
« taient d'immerger leurs corps jusqu'à la hauteur
« qu'ils désiraient.

« Le fond de ce bassin était pavé en petites
« briques de 0^m,068 de longueur, sur 0^m,40 de
« largeur et 0^m,018 d'épaisseur, posées de champ,
« obliquement, en manière de grains d'épis : *opus*
« *spicatum*. En l'état actuel, la grande salle est
« percée, vers les angles oriental et septentrional,
« de deux entrées, entre lesquelles il n'existe que

« le pilier formé par cet angle, et dont celle du
« côté oriental nous paraît moderne.

« L'entrée antique de l'établissement, nous sup-
« posons qu'elle devait être à travers l'enfoncement
« parallélogrammatique qui sépare les deux niches
« du côté du nord, et hors duquel point se trouvent
« des constructions dont toute la base est antique.
« Une disposition toute semblable existait aux ther-
« mes du *Forum Julii*, dont Montfaucon, d'après
« Peiresc, a conservé le plan.

« Dans ce plan, on voit, en dehors, entre cette
« entrée et l'angle du bâtiment, une construction
« quadrilatérale, au centre de laquelle est un grand
« vide circulaire, avec un autre vide circulaire
« plus petit dans le massif des angles. Des traces
« d'une construction pareille se montrent encore
« aux thermes d'Arles, dans la même partie où elle
« existait au *Forum Julii*. C'est la partie qui aujour-
« d'hui sert de logement, partie dont l'escalier était
« placé dans un des petits vides circulaires, à l'angle
« du bâtiment. Une vaste salle, maintenant simple
« cour par l'anéantissement de la couverture, s'ou-
« vrant au Midi de l'établissement thermal, était
« terminée, sur l'un des côtés, par cinq enfon-
« cements de deux mètres de profondeur sur un
« mètre et demi de largeur, couverts d'une voûte.

2

« Le nom *d'estufs* (étuves) qu'un ancien acte donne
« à cette partie, semble indiquer que cette pièce
« était le *sudatorium* [1]. Une grande partie de cette
« cour a été employée modernement à y établir un
« réservoir réfrigérant pour la partie des eaux ther-
« males destinées à tempérer l'excès de chaleur de
« celle employée pour les bains.

« D'autres substructions antiques se voient par-
« tout aux environs, et dans ce nombre il faut
« compter les murs de l'église même, qui s'élevant
« à côté de l'établissement, a dû originairement
« en faire partie. Des médailles impériales ont été
« fournies en abondance par le sol de ces environs,
« et des caves creusées sous la place actuelle ne
« peuvent pas reconnaître d'autre origine que leur
« dépendance des anciens thermes. Un aqueduc
« creusé en partie dans la roche vive, sur la pente
« de la montagne, amenait à l'établissement romain
« les eaux de la petite rivière du Mondony, où
« se voit encore le mur de barrage qui tenait le
« cours de ces eaux au niveau du canal : c'est à

---

[1] « Dans un petit manuscrit intitulé : *Description de la Province
« de Roussillon*, rédigé à la fin du dix-septième siècle, il est dit
« que, à côté de la grande salle des bains, existe une pièce où
« l'on va suer, ce qui confirme bien cette supposition. D'après cela,
« la voûte de cette pièce aurait existé à cette époque.

« ce barrage qu'on donne fort bizarrement dans le
« pays, le nom de *mur d'Annibal*.

« Les eaux thermales d'Arles, que le docteur
« Anglada qualifie de source géante des Pyrénées,
« à cause de leur volume considérable, et qu'elles
« méritent à raison de leur vertu prodigieuse dans
« les douleurs rhumatismales, les maladies de la
« peau, les suites des plaies d'armes à feu, sont
« de la plus grande limpidité. »

Disons quelques mots de l'ensemble de la disposition, selon les constructions encore debout et les fouilles pratiquées pour l'érection de la nouvelle salle de bains, formant avec l'ancienne salle romaine l'établissement actuel dit des *Thermes Romains*.

A la hauteur des sources existaient deux grands bâtiments parallèles, l'un qui est la salle romaine actuelle et l'autre accolée à cette dernière, côté Sud, qui comprenait différentes constructions dont nous allons parler.

Au Sud-Est de cette salle existaient deux tours hexagonales, de 1 mètre de diamètre intérieur et de

2 mètres de hauteur environ; elles étaient construites en béton aggloméré qui avait une épaisseur moyenne de 30 à 40 centimètres. Des ouvertures d'entrée et de sortie étaient percées dans ces tours de niveaux différents. Un courant d'eau chaude devait les alimenter.

Les malades étaient soumis alors aux émanations sulfureuses et à la chaleur produite par l'eau; c'était probablement là le bain de vapeur actuel.

Au-dessus de ces puits on pouvait faire des inhalations très-énergiques.

A la suite de ces appareils existaient plusieurs baignoires en marbre blanc de très-grandes dimensions, 3 mètres de long sur 2 mètres de largeur; elles présentaient à la partie Sud deux échancrures demi-cylindriques où le malade pouvait venir se reposer. On descendait dans cette baignoire par deux marches pratiquées dans la pierre entre ces échancrures.

Cette baignoire était précédée d'un bassin rectangulaire, placée entre les deux parties cylindriques dont j'ai parlé plus haut. Il fallait donc entrer dans cette baignoire rectangulaire avant d'entrer dans la seconde.

La température de ces deux bains devait être différente : c'était probablement une médication hydrothérapique, car aucun vestige de tuyaux ni d'appareils quelconques ne prouve que les Romains se soient servis de la douche.

On n'a trouvé qu'une baignoire comme celle que j'indique; peut-être en a-t-il existé d'autres, comme la disposition des thermes semble le faire supposer.

Au centre de cette salle existait une grande piscine de 10 mètres de longueur sur 4 mètres de largeur. Cette piscine, dont le fond a été conservé, présentait une légère pente vers le côté Est.

De chaque côté de cette piscine existaient des enfoncements ou niches de 2 mètres de profondeur, dont il est parlé dans la relation précédente.

Cette piscine était à un niveau supérieur à celui de la grande salle romaine actuelle.

L'ensemble de l'établissement thermal devait offrir une succession de piscines et de baignoires, étagées suivant la pente de la vallée.

Les constructions romaines, au point de vue de l'art et de la stabilité, n'offrent rien de remarquable; leurs voûtes étaient construites avec des briques de très-grandes dimensions, alternant avec des pierres calcaires caverneuses, faciles à tailler; leurs voûtes massives étaient diminuées de poids par ce moyen. Ils employaient, pour conduire les eaux, de grandes tuiles creuses, de 1^m de hauteur, dont ils formaient des tuyaux dans l'épaisseur des maçonneries, par la superposition en sens inverse.

Au moyen-âge et probablement pour la défense, on bâtit des tours carrées qui, avec celles du village, formaient l'enceinte des Bains.

Ces thermes devinrent plus tard la propriété des Bénédictins d'Arles. La Révolution en fit une propriété de l'État, qui les vendit à M. Hermabessière en 1823.

M. Isaac Pereire fit, en 1865, l'acquisition des immeubles dépendant de la succession de M. Hermabessière.

III

L'Établissement Thermal actuel.

L'Établissement des Thermes Romains d'Amélie appartenant à M. Isaac Pereire est situé dans la partie haute du village, à une altitude de 243m, sur la place d'Amélie. On arrive par la route départementale, qui forme en cet endroit un carrefour très-grand qui donne à l'établissement l'air et la lumière.

L'Établissement comprend deux parties bien distinctes : l'Hôtel, ou mieux la Maison de Santé, et l'Établissement de Bains, qui communique avec le précédent.

Nous nous occuperons d'abord de l'installation balnéaire.

L'établissement est alimenté par plusieurs sources sulfureuses, dont nous donnons, d'après Poggiale, le débit.

1º Source du bassin de réfrigération............	321m 3
2º Petit Escaldadou........................	171 »
3º Source du jardin Parès...................	92 »
4º Source Émile...........................	81 »
5º Source Fanny...........................	74 »
6º Sources du Manjolet, Alcaline, Michel, etc....	30 »
	769,3

La thermalité varie suivant le point de sortie des eaux.

Source du bassin de réfrigération....	62º
Source du petit Escaldadou..........	58º
Source du jardin Parès.............	58º
Source Fanny......................	70º
Source du Manjolet................	40º
Source alcaline...................	42º

Nous donnons d'après M. Debray, professeur de chimie à l'École Normale, l'analyse des différentes sources et les quantités de gaz et de sels trouvées dans un échantillon d'eau minérale.

SOURCE DU PETIT ESCALDADOU.

Gaz.	Azote..................................	16^{cc},6
	Oxigène...............................	»
Sels.	Sulfure de Sodium................	0^{gr} 0110
	Hyposulfite de soude.............	»
	Carbonate de soude...............	0, 1243
	Carbonate de potasse............	0, 0069
	Sulfate de soude....................	0, 0459
	Chlorure de sodium...............	0, 0396
	Silicate de soude...................	0, 0895
	Carbonate de fer...................	0, 0005
	Carbonate de chaux..............	0, 0025
	Carbonate de lithine..............	traces.
	Phosphates...........................	traces.
		0, 3202

SOURCE DU MANJOLET.

Azote....................................	13^{cc},
Sulfure de sodium..................	0, 0108
Hyposulfite de soude..............	»
Carbonate de soude...............	0, 1347
Carbonate de potasse............	0, 0063
Sulfate de soude....................	0, 0464
Chlorure de sodium...............	0, 0390
Silicate de soude...................	0, 0883
Carbonate de fer...................	0, 0006
Carbonate de chaux..............	0, 0031
Carbonate de lithine..............	traces.
Phosphates...........................	traces.

SOURCE ALCALINE.

Gaz.	Azote....................................	12cc,3
	Oxigène.................................	3, 4
Sels.	Sulfure de sodium.......................	traces.
	Hyposulfite de soude....................	0, 0023
	Carbonate de soude......................	0, 1162
	Carbonate de potasse....................	0, 0074
	Sulfate de soude........................	0, 0690
	Chlorure de sodium......................	0, 0378
	Silicate de soude.......................	0, 0845
	Carbonate de fer........................	0, 0006
	Carbonate de chaux......................	0, 0030
	Carbonate de lithine....................	traces.
	Phosphates..............................	traces.
		0, 3208

SOURCE FANNY.

Gaz.	Azote....................................	15cc,9
	Oxigène.................................	»
Sels.	Sulfure de sodium.......................	0, 0114
	Hyposulfite de soude....................	»
	Carbonate de soude......................	0, 1236
	Carbonate de potasse....................	0, 0062
	Sulfate de soude........................	0, 0418
	Chlorure de sodium......................	0, 0390
	Silicate de soude.......................	0, 0861
	Carbonate de fer........................	0, 0005
	Carbonate de chaux......................	0, 0028
	Carbonate de lithine....................	traces.
	Phosphates..............................	traces.
		0, 3109

SOURCE DU BASSIN DE RÉFRIGÉRATION,
D'APRÈS ANGLADA.

Sur 1.000 centimètres cubes d'eau :

Hydrosulfate de soude	0,0396
Glairine	0,0109
Carbonate de soude	0,0750
Carbonate de potasse	0,0026
Chlorure de sodium	0,0418
Sulfate de soude	0,0421
Silice	0,0902
Carbonate de chaux	0,0008
Sulfate de chaux	0,0007
Carbonate de magnésie	0,0002
	0,3039

Les eaux d'Amélie-les-Bains s'approprient aux traitements des maladies de poitrine et du larynx; elles conviennent aux affections rhumatismales et cutanées, à la chlorose, au flux catarrhal, à la scrofule, aux engorgements viscéraux, en un mot à toutes les maladies qui exigent de la part de l'économie un mouvement d'expansion vers la surface périphérique. Elles sont bonnes pour les blessures par armes à feu, les réfractions, les fractures des membres, etc.

Nous renvoyons pour la partie médicale aux Traités publiés par MM. les Médecins sur les Eaux minérales d'Amélie-les-Bains.

Pour l'établissement des bains, on a utilisé toutes les sources indiquées précédemment.

La source du *Petit Escaldadou* alimente les bains de la vieille salle romaine; elle alimente aussi pendant l'hiver le chauffage de la Maison de Santé.

La source du bassin de *Réfrigération* alimente la nouvelle salle de Bains.

La source du *Jardin Parès* alimente la salle d'inhalation.

La source du *Manjolet* et la source *alcaline* sont utilisées comme Buvettes.

La première est placée à 500 mètres de l'Établissement.

La seconde est dans l'Établissement même.

J'arrive à la description de l'installation balnéaire.

Elle se compose d'une grande salle, qui n'est autre chose que la grande salle romaine dont il a été parlé précédemment. Cette salle, restaurée nouvellement, offre sur son pourtour une série de *vingt-deux cabinets de bains, comprenant trois cabinets de douches*, à toutes les pressions et températures. Les cabinets de bains forment, par leur construction, une galerie au premier étage, qui communique avec le premier de l'Hôtel et celui de la nouvelle salle de bains. Cette galerie offre un développement de près de 100 mètres de longueur ; on peut donc s'y promener sans être exposé aux intempéries de l'air. Les émanations sulfureuses, se mêlant à l'air de la salle, constituent pour les malades un milieu très-bienfaisant. Dans cette salle, on donne des bals, des spectacles, pour l'agrément des malades.

Cette galerie communique avec le rez-de-chaussée de la salle par un escalier double.

L'avantage de la communication des Bains et de l'Hôtel est excessivement agréable et commode. Le malade ne craint pas de se refroidir après avoir pris un bain ou une douche. Cet avantage ne paraît pas, en général, assez apprécié par les personnes qui fréquentent la station d'Amélie, surtout pendant la saison d'hiver.

La *nouvelle salle de Bains,* construite à l'emplacement d'une ancienne maison, située elle-même sur les débris romains, fut commencée au mois de mai 1865 et terminée, sous la direction de M. Rolin, au mois d'avril 1867. Cette construction élégante a été élevée à grands frais ; car les matériaux, pierre de taille, bois, fer fin, sont rares dans la contrée. Il a fallu faire venir ce matériel de l'intérieur de la France, et les appareils balnéaires de Paris.

Comme je l'ai déjà dit, cette salle de bains a été construite sur les substructions romaines ; le fond de la piscine a été conservé ; mais le reste des constructions romaines a été démoli. Cette nouvelle salle comprend, au rez-de-chaussée, une *piscine*, des *cabinets de douches*, une salle *d'hydrothérapie*, un *bain de cercles*, un *bain de siége*, une *étuve sèche* et deux *petites piscines de famille*.

La **piscine**, de 7 mètres de longueur sur 4 mètres de largeur, offre une profondeur moyenne de 1^m,50 ; elle est à niveau mobile et à eau courante. L'ouverture des tuyaux, aplatie en lames, donne un écoulement mince sur une grande largeur, ce qui produit, dans toute la piscine, un mouvement de vagues prononcé.

Les **cabinets de douches** comprennent une grande baignoire creusée dans le sol ; et dans laquelle on descend par trois marches. Ces baignoires, ou plutôt ces petites piscines, sont pourvues de robinets d'eau chaude et d'eau froide minérale. On peut donc, dans ces baignoires, prendre de grands bains et aussi des bains d'eau courante. Tout le mécanisme des robinets est à la disposition du baigneur, qui peut donc renouveler l'eau à volonté. Sur la paroi du mur opposé à la baignoire sont placés les appareils des douches, comprenant deux robinets pour l'introduction d'eau chaude et d'eau froide, une boule creuse en cuivre, dite appareil hydromélangeur, dans laquelle arrivent l'eau chaude et l'eau froide, pour se mitiger l'une par l'autre; de cette boule partent deux tuyaux, l'un vertical, suivant la paroi du mur et le plafond, et venant retomber au centre de la baignoire, à une distance du fond de 2^m,50. A ce tuyau vertical mobile, autour d'un genou fixé au plafond, viennent s'adapter une pomme de pluie ou une lance; à l'aide d'une corde on peut donc faire manœuvrer ce tuyau dans toutes les directions.

Une seconde ouverture horizontale est pratiquée dans la boule hydromélangeur. On y fixe, au moyen d'un écrou mobile, un tuyau de caoutchouc plus ou moins long, à l'extrémité duquel on adapte une gerbe, ou une lance, ou une ouverture en forme de lame.

A l'aide de ce tuyau de caoutchouc on peut administrer les douches sur toutes les parties du corps.

Une troisième tubulure, à l'extrémité de laquelle on adapte un autre tuyau de caoutchouc, permet de donner des douches complétement froides, ou bien de combiner cette douche avec la précédente, pour administrer les douches dites *écossaises*.

Dans ces différents systèmes on fait varier la pression au moyen d'une ouverture plus ou moins grande des robinets. La pression maxima est de 20 mètres de hauteur d'eau.

Tous ces cabinets de douches sont très-grands, d'une aération facile; ils sont en outre pourvus de vestiaires commodes et spacieux.

Dans ces cabinets, on peut donc prendre d'abord son bain, puis sa douche, ou bien faire l'inverse.

En sortant de ces cabinets, le malade trouve la grande salle chauffée par toutes les émanations des bains et douches, puis la grande salle romaine, dont la température est moins élevée et dans laquelle il peut séjourner quelques instants, puis enfin les corridors de l'Hôtel, qui sont eux-mêmes chauffés à l'eau minérale, puis sa chambre. Il passe donc sans transition brusque de la température du cabinet de douches à celle moins élevée de son appartement.

A la tubulure horizontale des boules hydromélangeurs peut se fixer un *robinet dit universel,* qui permet de donner le jet dans toutes les directions du cabinet. Cet appareil est commode pour les personnes qui, voulant être seules dans leur cabinet, doivent prendre à la fois une douche verticale en pluie et une douche de côté en lance.

Au rez-de-chaussée de cette salle existent **deux piscines de famille,** dans lesquelles on peut administrer les mêmes douches que dans les cabinets précédents.

La **salle d'hydrothérapie** est placée à l'autre extrémité de la salle. Elle comprend une grande pomme de pluie, versant l'eau froide sur tout le corps, en même temps que deux jets chauds et froids à la pression maxima jaillissent par côté.

Une autre pomme de pluie, sans pression, est combinée avec l'action d'un jet de côté froid existant sur l'autre paroi.

L'installation hydrothérapique est complétée par un *bain de cercles chaud ou froid* et un *bain de siége à eau courante,* comprenant *douches périnéale, dorsale, ascendante* et *vaginale.*

Au *premier étage de cette salle* nous trouvons une galerie de cabinets de bains, dits **Bains de luxe;** ils sont installés plus confortablement que les précédents : les baignoires sont en fonte émaillée couleur bleue. C'est cette galerie de bains que l'on appelle **Galerie des Dames.**

La **salle d'inhalation** est très-grande, très-bien aérée et exposée au Midi. Cette salle est pourvue de deux appareils : l'un, formé d'une vasque en cuivre de 1^m,50 de diamètre, reçoit l'eau minérale par la partie inférieure et la déverse par son contour extérieur. L'eau minérale chaude *(Source Parès)* est donc mise au contact de l'air, suivant une grande surface ; cet air se sature des émanations sulfureuses de l'eau et forme ainsi une atmosphère respirable, très-bienfaisante pour les malades.

Le second appareil est une colonne verticale d'eau chaude se déversant sur une vasque, ce qui imprègne l'atmosphère de vapeur d'eau minérale.

On peut combiner la marche des deux appareils

de façon à avoir plus ou moins de chaleur et de vapeur d'eau répandue dans l'air.

Cette salle, construite en fer et en briques, donne sur un jardin, dans lequel on a accès par une terrasse régnant tout le long de la salle.

Nous croyons donc que cette disposition, qui emprunte à la fois l'air extérieur, le soleil, l'aération et le renouvellement facile de l'air de la salle, et les principes minéralisateurs de l'eau sous forme de gaz et de vapeur d'eau, réunit toutes les conditions demandées pour une bonne inhalation.

Une **salle de pulvérisation** et de **douches locales** a été aussi installée.

L'eau minérale chaude, comprimée par une pompe hydraulique à 15 atmosphères, forme par son brisement en filet très-mince et sur une lentille convexe, une poussière d'eau qui se répand dans l'air sous forme de nuage. Cette poussière d'eau est dirigée par un tuyau très-court dans une direction horizontale; en adaptant la cavité buccale à ce tuyau, on aspire la poussière d'eau, ainsi que les gaz produits au contact de l'eau et de l'air.

Dans d'autres appareils, la poussière d'eau est projetée dans une direction verticale, et aspirée par le nez ou par la bouche à une distance de vingt ou trente centimètres de l'appareil. La médication est moins énergique que dans le cas précédent.

On emploie les mêmes appareils, sans brisement d'eau, pour les douches de la cavité buccale, dans le nez, les yeux et les oreilles.

Par l'exposition précédente des appareils qui composent la nouvelle Salle de Bains, on voit que l'installation balnéaire est aussi complète que possible.

Toutes les conditions d'élégance, de confort et de commodité, ont été réunies pour assurer aux malades qui fréquentent la Station un bon traitement thermal, ainsi qu'un séjour agréable. Le personnel attaché à l'Établissement est aussi convenable que possible. Un masseur, qui a travaillé dans plusieurs établissements de bains renommés, est aussi attaché à la Maison.

Dans la note relative à l'Hôtel et au séjour des Baigneurs à Amélie, nous indiquerons les précautions à prendre avant comme après le bain ou la douche. Nous donnons ici le règlement d'ouverture des différents services. Ce règlement a été approuvé par M. le Préfet du département, ainsi que le tarif, dont nous donnons aussi un extrait.

RÈGLEMENT
DU SERVICE BALNÉAIRE.

	SAISON D'ÉTÉ. La saison commence le 15 avril et finit le 15 octobre.	MATIN.	SOIR.
BAINS	Ils fonctionnent de................ [Un bain dont la durée excédera une heure sera payé double. Il est défendu de baigner deux personnes dans la même baignoire. Le baigneur ne doit donner aucun bain s'il n'a reçu un cachet venant de la direction.]	4 heures à 11	1 heure à 7.
DOUCHES	Elles fonctionnent de............ [La durée d'une douche ne doit pas excéder 45 minutes. Il est interdit de toucher aux robinets.]	6 h. à 10 1/2	3 h. à 6.
PISCINES	Elles fonctionnent de............	»	2 h. à 4.
INHALATIONS	La salle est ouverte de	7 h. à 10 1/2	1 h. à 6.
HYDROTHÉRAPIE	Les cabinets en sont ouverts de......	»	2 h. à 4.
BAIN DE VAPEUR	Ouvert les lundi, mercredi et vendredi de chaque semaine, de.......... [On doit prendre les cachets la veille, et l'administration préviendra de l'heure exacte du bain.]	»	2 h. à 6.
PULVÉRISATION et DOUCHES LOCALES	Salle ouverte tous les jours, excepté le dimanche, de................	9 h. à 10 1/2	3 h. 1/2 à 5
	SAISON D'HIVER. La saison commence le 15 octobre et finit le 15 avril.		
BAINS	Ils fonctionnent de................ [Même prescription que pour le service d'été.]	6 h.	à 5 h.
DOUCHES	Elles fonctionnent de............ [Même prescription que pour le service d'été.]	7 h. à 10 1/2	3 h. à 5.
PISCINES	Elles fonctionnent de............	2 h.	à 4 h.
INHALATIONS	La salle est ouverte de	8 h.	à 5 h.
HYDROTHÉRAPIE	Ce service fonctionne de..........	»	2 h. à 4.
BAIN DE VAPEUR	Ouvert les lundi, mercredi et vendredi de chaque semaine, de..........	»	2 h. à 6.
PULVÉRISATION et DOUCHES LOCALES	Salle ouverte tous les jours, excepté le dimanche, de................	9 h. à 10 1/2	3 h. 1/2 à 5.

SOURCES THERMALES SULFUREUSES
DU BASSIN DE RÉFRIGÉRATION, DU PETIT-ESCALDADOU, DU JARDIN PARÈS, D'EN COMES ET FANNY.

Buvettes de la source Alcaline et de la source du Manjolet.

TARIF.

NATURE DU TRAITEMENT.		PRIX.	LINGE. Peignoirs.	LINGE. Serviettes.	OBSERVATIONS.
BAIN (linge et service compris).	Sulfureux (nouvelle salle).........	1f 50	1	2	
	Idem (vieille salle)............	1 »	1	2	
	D'eau douce.....................	1 »	1	2	
	De Piscine privée — pour 1 personne......	2 »	1	2	
	De Piscine privée — pour 2 personnes.....	2 50	2	4	Durée du bain
	De Piscine privée — pour 3 personnes.....	3 »	3	6	1 heure.
	De Piscine privée — pour 4 personnes.....	4 »	4	8	
	De piscine générale...............	1 »	1	2	
	De siège à eau courante...........	1 »	1	2	
	De pieds.........................	» 50	1	1	
	De vapeur ou Russe avec lit de repos.	3 »	1	2	
DOUCHE (linge et service compris)	Générale, chaude, froide, mitigée....	1 50	1	2	Durée de la douche 15 minutes
	De vapeur, générale ou partielle.....	2 »	1	2	
	Nasale, buccale, gutturale, dorsale, vaginale et d'oreilles.............	1 »	1	1	
	Circulaire.......................	2 »	1	2	
HYDROTHÉRAPIE	La séance......................	2 »	1	2	Durée 1 h.
PULVÉRISATION.	La séance......................	1 »	»	1	Durée 1/2 h.
INHALATION.	La séance......................	» 50	»	»	Durée 1 h.
	Par jour.......................	1 »	»	»	
	Abonnement pour un mois.........	25 »	»	»	
	Promenade de 1 heure dans la salle Romaine..........................	» 25	»	»	
	Idem par jour idem......	» 75	»	»	
BOISSON.	Le verre.......................	» 05	»	»	
ACCESSOIRE POUR BAIN.	Son pour bain..................	» 50	»	»	
	Gélatine, 500 grammes...........	1 25	»	»	
	Amidon, 500 grammes............	» 80	»	»	
	Sous-carbonate de soude, 250 gram.	» 25	»	»	
LINGE SUPPLÉMENTAIRE	Fond de bain..................	» 50	»	»	
	Peignoir......................	» 20	»	»	
	Serviette.....................	» 10	»	»	

IV

La Maison de Santé des Thermes Romains.

La **Maison de Santé** est contiguë aux Bains. On communique directement entre ces deux établissements par une porte pratiquée dans l'épaisseur des murs romains, au niveau du premier étage de la maison et de la galerie de la grande salle romaine.

Cette disposition est d'une grande commodité pour les personnes malades qui ont besoin de suivre un traitement thermal quelconque. Après avoir pris la douche ou le bain, les malades peuvent remonter dans leurs chambres, sans être obligés d'affronter un refroidissement par suite du passage de l'air des bains à l'air extérieur; les malades peuvent se coucher après leur traitement, ce qui amène une réaction plus prompte. Pendant l'été, les dangers de sortir à l'air après le bain sont beaucoup moins grands par suite de la température élevée : on peut donc sans inconvénient loger en ville et venir prendre ses bains à l'Établissement des Thermes.

La Maison de Santé est installée d'une façon très-confortable : toutes les chambres sont pourvues de tapis.

Par un système très-ingénieux, *elles sont chauffées à l'eau minérale*, qui circule dans des tuyaux de plomb placés autour de l'appartement ainsi que dans les couloirs. Quelques chambres sont pourvues d'appareils, *dans lesquels l'eau minérale circule à l'air libre,* ce qui permet aux malades d'inhaler dans leurs chambres.

Toutes les chambres sont grandes, quelques unes sont pourvues d'alcôves, d'autres se communiquent pour former des appartements complets.

Un personnel dévoué, actif et intelligent est attaché à l'Établissement.

Le prix des chambres varie depuis 1 fr. jusqu'à 5 fr. par jour. *Une table d'hôte* est à la disposition des malades ; le déjeûner a lieu à dix heures et demie du matin, et le dîner à cinq heures et demie du soir.

On sert également à la carte dans des salles séparées ou dans les chambres au gré des baigneurs;

le service à la carte ou dans les chambres a lieu une demi-heure après le service de la table d'hôte.

Des salons de lecture, de jeu, de compagnie, une salle de billard, sont installés dans l'hôtel; ces salons où l'on reçoit les principaux journaux sont *ouverts à tous les baigneurs qui fréquentent Amélie;* quelques réunions et soirées brillantes sont données de temps en temps soit par l'Établissement, soit par les baigneurs eux-mêmes.

Des appartements particuliers avec cuisine existent dans la maison; les familles qui désirent amener leurs domestiques peuvent donc faire leur service et leur cuisine s'ils le jugent convenable; elles participent à tous les avantages dont jouissent l'Établissement de Bains et la Maison de Santé.

A côté de l'établissement précédent, il existe un **annexe** contenant un grand nombre de chambres que l'on peut convertir à volonté en appartements complets pour les grandes familles.

On peut aussi faire sa cuisine ou venir prendre ses repas à l'hôtel. Dans cette annexe et au rez-de-chaussée, sont ou seront installés très prochainement un bureau de poste, un bureau télégraphique et deux magasins : l'un servant de salon de coiffure et l'autre d'atelier de lingerie.

On voit donc que tout a été concentré sur un même point pour assurer aux baigneurs de l'Établissement un séjour commode.

Un jardin, situé à côté de l'Établissement des Bains, et un autre, à côté de l'Hôtel, permettent aux malades de venir se promener et de prendre le soleil dans des endroits réservés aux baigneurs de l'Hôtel.

Des promenades et un jardin vont être exécutés dans le vallon du Manjolet. On y communiquera directement par les Bains neufs ; les baigneurs qui fréquentent l'Établissement pourront monter à la *Source du Manjolet* par ce jardin, où seront ménagés des rampes et des accès très-faciles aux malades. Des bancs, des abris et des aspects ou points de vue nombreux seront ménagés. Les malades pourront donc faire de cette ascension une promenade très-agréable et peu fatigante.

L'Établissement possède *trois villas sur la rive gauche du Tech, à cinq minutes du village, bien exposées au soleil* et *abritées de tous les vents*. Nous recommandons ces appartements aux personnes qui viennent à Amélie spécialement pour le climat. Ces *appartements reçoivent le soleil sur trois faces et pendant toute la journée*. De cette position, dont rien ne gêne la vue, l'œil embrasse toute la vallée, et l'on admire la chaîne de montagnes qui se déroule devant soi.

Avant de terminer ce chapitre, nous devons dire qu'il est fortement question d'amener le canal du *Calciner* jusqu'à l'Établissement. Ce canal amenant l'eau douce dans l'Établissement et les jardins environnants, donnerait une grande valeur et un nouvel agrément à l'Établissement Thermal.

Nous donnons ci-dessous le tarif de l'Établissement.

TARIF DES CHAMBRES

(CHAUFFAGE A L'EAU MINÉRALE ET LINGE COMPRIS).

NUMÉROS des chambres	NOMBRE de lits.	PRIX.	OBSERVATIONS.
1	2	4f 50c	
2	1	3 »	Service par personne et par jour. 0f 50c
3	1 ou 2	4 50	
4	1 ou 2	2 50	Chaque personne a droit à quatre
5	1 ou 2	2 »	serviettes et une paire de draps
6	2, 3 ou 4	4 »	par semaine.
7	1 ou 2	1 »	
8	1 ou 2	1 50	Les serviettes supplémentaires
9	2	3 50	se payeront............ 0f 10c
10	2	4 50	
11 et 12	2 ou 3	5 »	La paire de draps, *idem*..... 0 50
13	2	4 »	
14	1	2 »	
15	2	3 50	
16	1	2 »	
17	1 ou 2	2 »	
18 et 19	1	1 25	
20 et 21	1	2 »	
22	1	3 »	
23	1	1 25	Appartements particuliers, avec
24	1	4 50	cuisine, par mois......... 350f
25 et 26	1	2 50	*Idem*, *idem*..... 250
27	1	3 50	Villa Aldhuy, { 1er étage....... 350
28	2	2 50	{ 2e étage....... 250
29	1	1 50	Villa Fanny 800
30 et 31	1 ou 2	1 50	
32 et 33	1	1 »	
34	1 ou 2	1 50	
35 et 36	1 ou 2	2 50	
37	1	1 50	
38	2 ou 3	3 »	
39 et 40	1	2 »	
41	2	3 »	

TARIF
Des Consommations.

NATURE DES OBJETS.	PRIX.	OBSERVATIONS.
Déjeûners { à Table d'hôte	2f 50c	
en chambre	3 »	
Dîners { à Table d'hôte	3 50	
en chambre	4 »	
Café au lait simple, — Chocolat	» 50	
Café ou Chocolat, avec pain et beurre	» 75	
Café à l'eau, avec cognac	» 50	
Thé { au rhum	» 50	
avec pain et beurre	» 75	
Bouillon	» 25	
Tasse de lait	» 25	
Vin rouge { Beaune	3 50	La bouteille.
Volnay	3 50	Idem.
Vin blanc { Haut-Barsac	4 »	Idem.
Haut-Sauterne	5 »	Idem.
Bordeaux { Ordinaire (Vigo et Cie)	1 50	75c la 1/2 b.
Margaux-Médoc vieux	2 50	La bouteille.
Saint-Estèphe	4 »	Idem.
Château-Palmer	6 »	Idem.
Champagne mousseux (Moët et Chandon)	6 »	La bouteille.
Sirops de Groseille, — Limon	5 »	Idem.
Muscat de Frontignan	5 »	Idem.
Vin rancio de Banyuls	3 50	Idem.
Verres de Chartreuse, — Kirch, — Sirops divers	» 50	
Demi-bouteille Malaga	3 »	

V

Quelques mots sur le séjour à l'Établissement Thermal.

Nous laissons à MM. les Médecins le soin d'indiquer aux malades l'époque à laquelle ils doivent arriver à Amélie, ainsi que le mode de traitement qu'ils doivent y suivre. Nous ferons remarquer qu'il est toujours utile de prévenir du jour de son arrivée à Amélie. On peut ainsi envoyer prendre les malades à la gare de Perpignan par une voiture d'Amélie, ce qui évite toujours une perte de temps plus ou moins grande au chemin de fer de Perpignan.

Relativement au traitement thermal, les ordonnances des médecins sont suivies en touts points par les garçons baigneurs. Le règlement cité plus haut indique les heures d'ouverture des différentes salles. Quoique l'eau minérale soit laissée à la disposition des baigneurs, il ne faut pas en général abuser de cette faculté. On ne doit pas réchauffer ou refroidir son bain mal à propos ; les baigneurs doivent suivre les conseils des médecins traitants. La clientèle médicale est entièrement libre ; les personnes non pourvues d'ordonnances doivent consulter les médecins d'Amélie, qui dirigent et suivent le traitement dans toutes ses phases ; les personnes pourvues d'ordonnances, en arrivant à Amélie, feront toujours bien de consulter un médecin, pour s'aider de ses conseils dans la suite du traitement.

L'Établissement est pourvu de thermomètres, de sabliers, pour contrôler la température et la durée du bain. Une très-grande latitude est laissée aux baigneurs pour le choix de leur cabinet de bains. Les uns préfèrent de grands cabinets, bien aérés ; d'autres, au contraire, estiment davantage les cabinets petits, où l'atmosphère est chargée de vapeur d'eau et d'émanations sulfureuses : tout cela dépend des différents tempéraments des malades.

L'heure habituelle du bain ou de la douche, pour les personnes logées dans la Maison, varie entre cinq heures et neuf heures du matin. Après le bain, le malade peut se recoucher; il se lève à dix heures pour le déjeûner à table d'hôte.

L'après déjeûner est employée, partie au Salon, où on lit les journaux du matin, et partie en promenade, sur laquelle nous reviendrons plus loin.

Rentré vers trois heures, le malade peut prendre une séance d'inhalation ou de pulvérisation, ou une douche, aller boire à la source et se reposer jusqu'à l'heure du dîner.

L'après dîner se passe ordinairement au Salon, où les baigneurs se divertissent entre eux, au gré de leurs désirs.

En résumé, on voit que le séjour à Amélie, qui peut paraître triste au premier abord, est agréable quand on partage bien son temps.

Nous allons revenir sur les promenades que l'on peut faire à Amélie.

VI

Du séjour à Amélie.

Il existe à Amélie beaucoup de logements particuliers placés dans de très-bonnes conditions; il y en a pour tous les goûts, ainsi que pour toutes les bourses.

Les approvisionnements sont assez faciles; un marché se tient tous les matins sur la route départementale, près des Thermes. Comme je l'ai déjà dit, il existe à Amélie quelques hôtels confortables, ainsi que quelques bons cafés, où les baigneurs non sérieusement malades peuvent se réunir tous les soirs.

Amélie possède, pour les promenades, beaucoup de voitures très-commodes; on peut aussi se procurer des chevaux de selle, des mulets et des ânes pour courir la montagne.

Nous passerons rapidement en revue les différentes promenades que l'on peut faire dans Amélie, ainsi qu'aux environs.

Les personnes qui ne peuvent monter en voiture ou à cheval, peuvent fréquenter *la route d'Arles, la route de Céret, la route de Palalda, la promenade qui va être exécutée des chalets Pereire au pont d'Arles, les abords de l'hôpital militaire, les jardins du Manjolet, ainsi que ceux du Docteur Pujade*. Les personnes qui peuvent supporter l'ascension, pourront aller visiter *le fort*, parcourir *la montagne voisine* et revenir par *la route d'Arles* ; elles pourront aller jusqu'à *Montalba*, en revenant par *la rive droite du Mondony* ; elles pourront aussi aller visiter *le village de Montbolo* et revenir *par Palalda ou par le pont d'Arles*.

La *promenade de Reynès*, un peu plus longue que les précédentes, pourra être faite par des personnes bien portantes.

Toutes ces promenades peuvent se faire avec un seul homme, qui servira de guide et portera en même temps les effets. Dans ces différentes promenades, on remarquera de très-jolis points de vue, des carrières à plâtre, des mines de fer, etc.

Toutes ces courses peuvent se faire dans l'espace du déjeûner au dîner.

Pour les personnes qui désirent se promener en voiture, nous indiquerons les excursions suivantes:

ARLES, à 4 kilomètres. On y remarquera les deux églises, les restes d'un ancien cloître, ainsi qu'un sarcophage ancien. Les guides donneront de longs détails sur les antiquités d'Arles, ainsi que sur les propriétés miraculeuses du sarcophage précédent.

CORTSAVI, au-dessus d'Arles, à 11 kilomètres d'Amélie. On remarquera sur cette route les abîmes de la *Fo*, une chapelle romane délabrée, ainsi que les vieilles constructions de Cortsavi. Au-dessus de Cortsavi, on pourra aller visiter *la forge catalane de M. Pons, la ferme de Vilalte*. En suivant toujours la même route, qui n'est plus alors carrossable, on arrive à la *Tour de Batère*, à 1.200 mètres d'élévation, aux *mines de fer du Canigou*, puis, enfin, au sommet du Canigou, situé à l'altitude d'environ 2.900 mètres. De ces différents points on jouit d'un coup-d'œil magnifique, mais ces excursions nécessitent un temps assez long, ainsi que de bons guides.

La promenade d'Arles coûte ordinairement 6 fr.; celle de Cortsavi, 8 et 10 fr.

Prats-de-Mollo, La Preste, à 36 kilomètres d'Amélie.

Saint-Laurent-de-Cerdans, Coustouges, à 24 kilomètres d'Amélie.

Nous extrayons ce qui va suivre de l'auteur du *Guide en Roussillon :*

« A une demi-lieue des bains, en remontant le
« Tech, se trouve la petite ville d'Arles à laquelle
« on peut supposer qu'a donné naissance une
« abbaye de Bénédictins qui pourrait être la plus
« ancienne du Roussillon. L'abbé d'Arles, comme
« tous les autres abbés du même ordre dans cette
« province, lequel appartenait aux Bénédictins non
« réformés, avait une juridiction quasi-épiscopale
« sur sept paroisses dont il était aussi seigneur
« temporel, et jouissait de 7.000 livres de rente.
« La ville d'Arles renferme une population d'en-
« viron deux mille âmes. Au centre d'une vallée
« fraîche, assez boisée et remarquable par d'abon-
« dantes eaux, Arles offre une infinité de sites et
« de points de vue qui seraient la fortune d'un
« paysagiste. Les montagnes de cette partie sont
« d'un granit gris dont souvent des quartiers énor-
« mes, entraînés par les torrents, pendant les
« orages si fréquents dans ces cantons, portent

« l'épouvante et la désolation dans les communes.
« Vers le haut de l'une des montagnes se trouve
« une table druidique qu'on appelle le *palet de*
« *Roland*; car ce preux, l'Hercule des temps héroï-
« ques du moyen-âge, partage avec le vainqueur
« de Trasimène la gloire de voir son nom attaché
« à tout ce qu'il y a de gigantesque le long des
« Pyrénées. Le monastère d'Arles, fondé vers l'an
« 778, et ruiné par les Normands vers 859, fut
« rebâti par un frère de Wifred-le-Velu, comte de
« Barcelone, dans le neuvième siècle. A côté de
« la porte du monastère existe un sarcophage anti-
« que jouissant de la réputation de régénérer per-
« pétuellement l'eau qu'on en tire. A une époque
« du moyen-âge qui n'est pas déterminée, des fiè-
« vres pestilentielles ravageaient le canton d'Arles,
« et aucun moyen ne pouvait les guérir. Un saint
« abbé du monastère, nommé Arnulfe, conçut le
« projet de se rendre à Rome pour solliciter du
« pape quelques saintes reliques dont la présence
« pût mettre un terme à cette calamité. Le Saint-
« Père donna à Arnulfe les corps des saints Abdon
« et Sennen. Les brigandages qui se commettaient
« alors sur les routes inspirant des craintes au pieux
« abbé, il fit confectionner, dit-on, deux barriques
« à quadruple fond, de telle manière que les reli-

« ques étant placées dans le vide ménagé au centre,
« les deux extrémités des barriques pouvaient être
« remplies de liquide. Dans l'une de ces futailles
« on mit de l'eau, et du vin dans l'autre. Partout,
« sur le passage des reliques, les cloches sonnaient
« d'elles-mêmes. C'est de cette manière que l'abbé
« d'Arles revint dans son monastère avec les deux
« corps saints. Au sujet de l'eau du sarcophage,
« voici la tradition locale. Quand Arnulfe fut
« arrivé à Arles, on vida dans cet ancien tombeau
« l'eau qui se trouvait dans l'une des barriques, et
« c'est cette eau qui depuis lors s'y régénère per-
« pétuellement. Nous ne savons sur quoi se fonde
« cette tradition, dont aucun écrivain ne fait men-
« tion, même parmi les plus crédules. Ce qu'il y
« a de positif, de très-certain, c'est que de l'eau
« existe au fond de cette arche, qu'on en retire
« fort souvent et en quantité, et qu'on ne la rem-
« place jamais par des injections furtives et fraudu-
« leuses, car ce n'est que de cette manière qu'on
« pourrait en faire pénétrer dans ce sarcophage,
« dont le couvercle est scellé à l'auge : c'est là un
« fait. La cause de ce phénomène peut s'expliquer
« jusqu'à un certain point par les lois de la physi-
« que. Le sarcophage qui contient cette eau est
« situé en plein air, sur deux supports en pierre

« qui l'isolent du sol et qui l'éloignent un peu du
« mur le long duquel il est placé afin de montrer
« qu'il n'y a pas de supercherie; son couvercle,
« taillé en prisme, ne se joint pas si exactement à
« l'arche qu'il ne reste entre deux un petit inter-
« valle sur une foule de points. L'eau de la pluie
« glissant sur la double pente du couvercle, peut
« tomber dans l'arche, en vertu de cette loi de
« cohésion qui force les liquides à suivre quelque
« temps le dessous horizontal des corps sur les-
« quels ils coulent, circonstance si bien connue des
« architectes de l'antiquité, que pour éloigner l'eau
« de la pluie des frises des entablements, ils don-
« naient une inclinaison de dedans en dehors aux
« plafonds des parties saillantes de la corniche qui
« portent le nom de larmier, partie sur laquelle ils
« ont même, par ornement, placé des petites par-
« ties rondes détachées, qui portent encore de nos
« jours le nom de gouttes : c'est ce qui se passe
« journellement sous les yeux de toute personne
« qui verse lentement l'eau contenue dans un vase
« quelconque: l'eau coule le long du vase au lieu
« de s'épancher par un jet direct. L'explication que
« nous donnons ici, n'est qu'une amplification de
« celle donnée, il y a une soixantaine d'années,
« par le médecin Anglada, père du savant auteur

« du *Traité des Eaux minérales des Pyrénées-
« Orientales*, mais elle ne satisfait pas complète-
« ment. Il est bien constant, bien avéré par une
« foule de personnes sans passion comme sans
« préjugés, que la quantité d'eau qu'on tire de ce
« sarcophage est très-considérable; les nombreuses
« fioles dans lesquelles on met cette eau ainsi
« retirée de ce réservoir, sont en verre, en forme
« de calebasse de pèlerin, et contiennent près d'un
« demi-litre; le volume d'eau ainsi puisé dans un
« grand nombre de circonstances et sur une sim-
« ple demande, paraît excéder de beaucoup celui
« de la pluie qui pourrait s'introduire dans l'arche
« et qui s'y introduit réellement. Pour avoir la
« raison de l'excédant de ce volume d'eau, faut-il
« faire intervenir la capillarité de la pierre, comme
« le pensent quelques physiciens? c'est là un pro-
« blème fort difficile à résoudre, et dont la solution
« ne pourrait être que le résultat d'observations
« suivies qui ne sont pas de notre ressort, mais
« qui se recommanderaient à l'examen de la saine
« physique: c'est, nous le répétons, une question
« scientifique digne d'intérêt.

« La façade de l'abbaye d'Arles est sans décora-
« tion: la porte seule de l'église montre quelques

« légers ornements. Le cloître offre une suite d'ar-
« cades soutenues par de doubles colonnes, à
« l'ordinaire.

« L'artiste pourrait aller voir, en se dirigeant
« vers le village de Cortsavi, assis sur la croupe du
« Canigou, une belle échancrure dans le calcaire,
« d'environ cent soixante mètres de profondeur sur
« environ cinquante de largeur au sommet et un
« mètre ou deux, à ce qu'il me semble, au fond
« de l'abîme, point de vue de l'aspect le plus sau-
« vage et qu'on ne peut contempler sans émotion
« et sans éprouver un sentiment de terreur à raison
« de ses effrayantes pentes et de ses gigantesques
« proportions; abîme au fond duquel roule ses
« eaux bruyantes un ruisseau descendant de l'une
« des cimes du Canigou; ce lieu porte le nom de
« la *Fo*.

« Le jour de la fête patronale d'Arles, une petite
« commune voisine, celle de Montbolo, offre aux
« saints Abdon et Sennen un don consistant en une
« quantité de bougie roulée, du poids de 1.666
« grammes. Cette bougie, tournée en spirale, forme
« un large disque assujetti au bout d'un long bâton
« au moyen d'une double croix de lattes minces

« garnies de fleurs, que le clergé et l'autorité locale,
« musique en tête, vont recevoir processionnelle-
« ment à l'entrée de la ville (1). A Arles, comme dans
« toutes les communes du Vallespir, il est d'usage
« de faire aux quêtes de l'église, son offrande en
« nature, ce qui est moins gênant pour les gens
« de la campagne que de donner des pièces de
« monnaie. L'un offre un écheveau de fil, l'autre
« un saucisson de montagne, tel autre une petite
« calebasse de vin ou tout autre objet comestible
« ou usuel dans le ménage : ces objets sont ensuite
« vendus aux enchères après l'office (2).

« L'un des divertissements les plus chers aux
« peuples du Vallespir, et qui ne manque jamais
« de se reproduire à la fête locale d'Arles, c'est la
« course du taureau. Au milieu de la place où
« s'exécute la danse catalane, et pendant que celle

---

(1) « Ce rouleau de bougie rappelle celui que la ville de Paris
« offrait autrefois à N.-D., et dont la longueur était égale à celle
« qu'avait l'enceinte de Paris à l'époque où cette oblation fut
« fondée.

(2) « Un usage qui se conservait dans plusieurs localités de ces
« montagnes, avant la révolution, c'était, au jour de la Commé-
« moration des morts, de se rendre au cimetière avec un sac de
« blé pour en donner une certaine mesure à chaque prêtre qui
« voulait réciter des prières pour les parents défunts.

« de ces danses qu'on appelle le *contrepas* est la
« plus animée, on lâche un bœuf qui, agacé par la
« musique et effarouché par les danseurs, les dis-
« perse, les poursuit et donne matière à des scènes
« souvent bouffonnes, et parfois aussi, fâcheuses :
« c'est, au reste, une espèce de gloire que de
« pouvoir montrer quelque égratignure faite par la
« corne de l'animal. Un prix est quelquefois donné
« à celui qui peut enlever une cocarde attachée à
« l'une des cornes de cet animal ; quelquefois aussi
« on noircit ses cornes afin que celui qui a su les
« toucher puisse en montrer les marques sur ses
« mains : c'est toujours le bœuf le plus méchant
« qui est le sujet de ces sortes de bravades.

« Dans ces montagnes du Vallespir il existe,
« pour les mariages qui ont lieu d'une commune
« à l'autre, un usage qui remonte sans doute bien
« loin. Des jeunes gens qu'on désigne sous le nom
« d'*Espaders,* suspendant un tonnelet à leur cein-
« ture, accompagnent à pied la mariée que, seuls,
« ils ont le privilége d'aider à monter ou à des-
« cendre de son mulet pompeusement harnaché,
« et que suit à cheval le marié, suivi lui-même de
« toute la noce sur des montures bien pomponnées
« et enrubannées. Ces *Espaders,* dont l'usage peut

« avoir pris naissance à cette époque de désordre
« où les routes n'étaient pas sûres, où il fallait
« être toujours en garde contre les enlèvements,
« ne doivent jamais s'éloigner de l'épousée, quelles
« que soient les difficultés et les accidents du
« chemin. Armés de pistolets qui ont remplacé
« leur épée, c'est dans les plus mauvais pas qu'ils
« se plaisent, par une sorte de bravade, à faire feu
« de leurs armes, aux grands éclats de rire de la
« joyeuse bande cherchant toujours à augmenter
« les embarras de leur position.

« Le voyageur gourmet saura que non loin
« d'Arles existe une petite commune dont le terroir
« donne des truffes délicieuses, pouvant soutenir
« avantageusement la comparaison avec les tuber-
« cules de cette espèce des lieux les mieux famés :
« cette précieuse commune est celle de Monferrer,
« laquelle, au sommet de l'un des contreforts du
« Canigou, possède un château dont les ruines
« mêlées avec les rochers forment un ensemble
« des plus pittoresques.

« Un second établissement thermal existe encore
« sur cette route : c'est celui de La Preste, autre-
« fois désigné sous le nom de *las Ayadas,* dont

« les eaux, du plus puissant effet dans les maladies
« de la vessie, ne sont pas assez connues des
« personnes atteintes de ces cruelles infirmités.
« Le seul inconvénient que présentent ces bains,
« c'est d'être situés à l'extrémité de la vallée du
« Tech, près des sources de ce petit fleuve, et en
« un lieu où, à partir d'Arles, on ne peut plus
« monter qu'à dos de mulet. La distance d'environ
« dix-sept kilomètres qui sépare Arles des bains
« de La Preste, se parcourt à travers les sites
« infiniment variés d'une nature tantôt âpre et
« sauvage, tantôt verte et riante, mais pittoresque
« partout et coupée d'une multitude de ruisseaux
« se faisant jour à travers les rochers, ou s'en
« précipitant en bruyantes cascades. Après cinq
« heures de marche, à la merci de son mulet qu'il
« est prudent de ne jamais contrarier quelles que
« soient les difficultés que semblent présenter ces
« routes, on arrive à Prats-de-Molló, petite place
« forte moins remarquable par son apparence
« guerrière qu'intéressante par l'industrie de ses
« habitants. A moitié chemin s'ouvre, à gauche,
« le vallon de la Quéra, qui communique avec la
« Catalogne par le Col de Carrétéra. Là, se trouve
« la petite commune de Custojas, dont le nom est
« une corruption du mot *custodia*, poste pour la

« garde de ce passage. Le nom de *custodia*, syno-
« nyme de *castellum* et de *præsidium*, indique
« suffisamment que ce ne fut, comme *ad centuriones*,
« dont nous avons parlé plus haut, qu'un poste
« destiné à recevoir une garnison, poste autour
« duquel se groupèrent quelques maisons qui en
« firent un *vicus* ou village. Une opinion populaire
« sans fondement dans l'histoire donne à la com-
« mune de Custojas une certaine célébrité, en y
« faisant naître la mère du pape Damase. Ni Marca,
« ni Baluze, ni aucun des écrivains qui ont parlé
« de ces pays, ne se sont arrêtés à cette opinion,
« bien que les deux premiers fassent mention de
« *Custodia* et de son église. La même opinion
« populaire attribue à ce pontife, en conséquence
« du premier fait, la fondation de l'église de ce
« même village, ce qui ne saurait jamais être,
« puisque l'usage de doter d'église les villages, n'a
« guère commencé avant l'empire de Théodose et
« de Valentinien. En l'an 399, Honorius avait
« permis de convertir en églises les temples des
« païens, avec défense de les démolir; Valentinien
« poussant plus loin le zèle, ordonna, en 426, de
« détruire ces temples et de construire à leur
« place des églises; alors les villes anciennes
« eurent des monuments sacrés pour célébrer les

« offices divins. Quelques années plus tard, en 454,
« Valentinien ayant imputé le traitement des prêtres
« sur les fonds de l'empire, les villages purent
« aussi être dotés d'églises. Mais cette époque est
« celle où, par la décadence des beaux arts et les
« invasions successives des barbares, l'architecture
« avait pris un caractère lourd, massif et de mauvais
« goût, qu'on qualifia de gothique, non que les
« Goths l'eussent importée, mais parce que les
« monuments qu'elle produisait s'élevaient sous
« leur domination : l'église de Custojas n'est pas
« de cette époque. Plus tard l'architecture changea
« de caractère; les formes délicates, la grâce et le
« bon goût se réveillèrent, et tout en adoptant les
« feuillages bizarres, les animaux fantastiques, qui
« pour les premiers chrétiens n'étaient que des
« formes symboliques, on conserva en partie les
« formes et les proportions romaines : ce fut l'ar-
« chitecture romane à laquelle appartient le portail
« de l'église de Custojas, que le style de son orne-
« mentation paraît assigner à l'époque carlovin-
« gienne. Cette église avec son village fut donnée
« à Oliba, son mari, par la comtesse Ermengarde,
« le 16 des calendes de mars 988. Le portail de
« cette église, très-riche de décorations, appelle
« l'attention de l'artiste, et le village peut offrir à

« l'antiquaire des médailles romaines et celtibé-
« riennes.

« La petite ville de Prats-de-Molló se recom-
« mande spécialement par son industrie. De nom-
« breuses manufactures de drap, des fabriques de
« bonnets catalans en laine noire ou écarlate des-
« cendant jusqu'au milieu du dos, y occupent un
« grand nombre d'ouvriers.

« Dans cette petite ville de Prats-de-Molló, dont
« le nom signifie Prairies de la Frontière, se
« conserve encore l'usage de deux danses an-
« ciennes dont le voyageur lira le détail avec quelque
« intérêt : l'une est ce qu'on appelle le ballet de
« cérémonie. Des commissaires qu'on nomme *pa-*
« *bordes*, mot qui répond à prévôts, se rendent
« solennellement sur la place des danses publiques,
« précédés par leur doyen d'âge, et donnant le
« bras à la première de leurs danseuses, car cha-
« cun en a dix ou douze. Ces danseuses, qui dans
« cette marche grave suivent immédiatement leur
« cavalier en se tenant toutes par la main, sont
« prises ordinairement parmi les parentes et parmi
« les femmes étrangères à la ville, à qui on veut
« faire honneur. Si l'aïeule est en vie, c'est à
« elle qu'appartient d'être la première danseuse,

« et, quel que soit son âge, elle tient singulièrement
« à son droit, pour peu qu'aucune infirmité ne
« l'empêche de l'exercer. Cette bande parcourt,
« musique en tête, les principales rues, et, par-
« venue sur la place des danses, le rang d'âge règle
« celui de préséance. En entrant sur la place, cha-
« que *paborde*, le chapeau dans la main gauche,
« présente la main droite à la première danseuse ;
« et figurant tantôt avec elle tantôt avec ses autres
« danseuses, il fait deux ou trois fois le tour de la
« place en dansant comme aux danses catalanes,
« mais gravement et sans aucun des sauts qui y
« sont en usage, aspergeant de temps en temps sa
« danseuse, il n'y a pas bien longtemps encore,
« avec la *maranxa* (l'*almaraja* ou *almaraza* des
« espagnols), petit vase de verre à plusieurs gou-
« lots très-étroits qui faisaient pleuvoir une rosée
« d'eau de senteur. Après quelques reprises de
« cette danse, le *paborde* présente la *maranxa* et
« ses danseuses à quelqu'un des spectateurs à qui
« il veut faire une galanterie, et il va lui-même
« engager parmi les spectatrices quelques autres
« dames avec lesquelles il danse jusqu'à la fin de
« ce ballet, auquel personne ne peut prendre part
« sans y être invité de cette manière. Après que
« cette danse imposante a duré un certain temps,

« chacun se retire, et les musiciens échangeant les
« violons, cors et clarinettes dont l'usage veut
« qu'on se serve pour le *ball de ceremonia* contre
« les gais hautbois, la pétulante danse catalane
« commence. L'autre genre de danse conservé à
« Prats-de-Molló, porte le nom de *ball de la Posta :*
« c'est une bouffonnerie de carnaval, et qui ne
« s'exécute en effet qu'à cette époque. Une société
« se forme et met aux enchères le droit de porter
« une planche de deux mètres de long, arrondie
« par un de ses bouts où se trouve peinte une tête
« grotesque. Ces sociétaires, précédés par le sur-
« enchérisseur muni de sa planche, et au bruit
« d'un air de musique affecté à cette marche, se
« rendent sur la place publique. Là, les trois plus
« âgés, se prenant par dessous le bras, dansent en
« face de l'homme à la planche, qui figure devant
« eux sa planche entre les bras comme le bâton
« entre ceux de polichinelle; tous vont ensuite
« baiser la face grotesque, et après quelques nou-
« velles passes, celui des trois danseurs qui se
« trouve entre les deux autres tend son derrière
« pour y recevoir un coup de la planche, aux grands
« éclats de rire des spectateurs ; la joie est à son
« comble ensuite lorsque se mettant aux trousses
« des femmes qu'on veut faire danser devant la

« planche, et surtout en recevoir le coup au bas
« du dos, chacun cherche à traquer les fuyardes.
« Quelque incident burlesque se présente toujours
« s'il se trouve des récalcitrantes, et pour la plus
« grande satisfaction de tous il n'en manque jamais.

« Prats-de-Molló n'était qu'une bicoque, lorsque
« Louis XIV y fit construire le fort, bâti sur les
« plans et dessins de Vauban. Près de cette ville
« est l'ermitage de N.-D. du Coral, dont le site
« appelle le crayon du paysagiste.

CÉRET, à 8 kilomètres d'Amélie.

On remarquera sur cette route le magnifique Pont de Céret ainsi que le syphon canal servant à alimenter d'eau la ville de Céret. En suivant la même route on arrive au Boulou, à 16 kilomètres d'Amélie.

LE PERTHUS, FIGUÈRES, GÉRONA, BARCELONE.

En partant du Boulou, on peut aller visiter les sources ferrugineuses de Saint-Martin-de-Fenouillar, le petit village du Perthus situé sur la frontière d'Espagne, ainsi que la ville de Figuères en Espagne.

La Promenade de Gérona et de Barcelone nécessite plusieurs jours. Les courses de Figuères et de Gérona coûtent ordinairement 45 et 100 fr.

De Céret on pourra aller visiter à pied l'ermitage de Saint Ferréol.

COLLIOURE, PORT-VENDRES.

Du Boulou on peut aller visiter dans la même journée Collioure, Port-Vendres et Banyuls, en passant par Saint-Génis, Saint-André et Argelès. Cette promenade se recommande spécialement par la beauté du paysage et la vue de la mer que l'on côtoie depuis Argelès jusqu'a Port-Vendres.

D'Amélie à Port-Vendres la course est de 48 kilomètres; on fait ordinairement payer 30 francs.

Il existe encore une foule d'autres promenades que l'on peut faire dans la montagne à cheval ou à dos de mulet; les voyageurs n'auront qu'à suivre les indications des guides.

TABLE DES MATIÈRES.

                                      Pages.

I. **Quelques mots sur la Station d'Amélie-les-Bains.**—Moyens de communications.—Moyenne des températures.—Tableau de l'état du temps........   5

II. **Les anciens Thermes Romains.** — La salle romaine. —Substructions romaines.............   12

III. **Les nouveaux Thermes Romains.**—Installation balnéaire. — Bains. — Douches-Hydrothérapiques. — Inhalation.—Pulvérisation.—Buvettes.—Règlement. —Tarifs................................   23

IV. **La Maison de Santé des Thermes Romains.**— Installation. — Chauffage à l'eau minérale. — Table d'hôte. — Salons. — Annexe. — Cuisine. — Villas. — Tarifs.................................   39

V. **Du séjour à la Maison de Santé.**—Précautions à prendre en usant des bains.—Emploi du temps.....   46

VI. **Du séjour à Amélie-les-Bains.** — Hôtels.—Cafés. —Promenades aux abords de l'hôpital, Jardins du Manjolet, au Chalet Pereire. — Routes d'Arles, de Céret, Palalda, Montbolo, Reynès, etc.—Céret, Arles, Saint-Laurent, Coustouges, Prats-de-Molló, Cortsavi, le Canigou.—Le Perthus, Figuères, Gérona, Barcelone.— Collioure, Port-Vendres...............   49

www.ingramcontent.com/pod-product-compliance
Lightning Source LLC
LaVergne TN
LVHW021723080426
835510LV00010B/1109